Mike Loos
Theresa Bartelworth
Sona Rothert

Die Hand erhoben

Körperliche Gewalt bei Kindern

Psychologische Kinderbücher

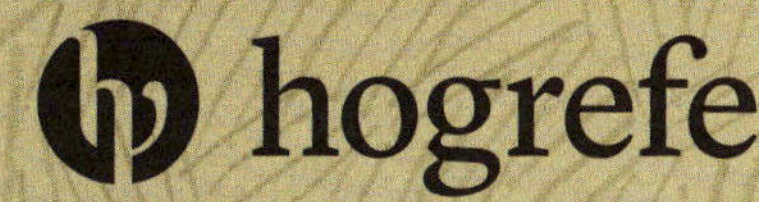

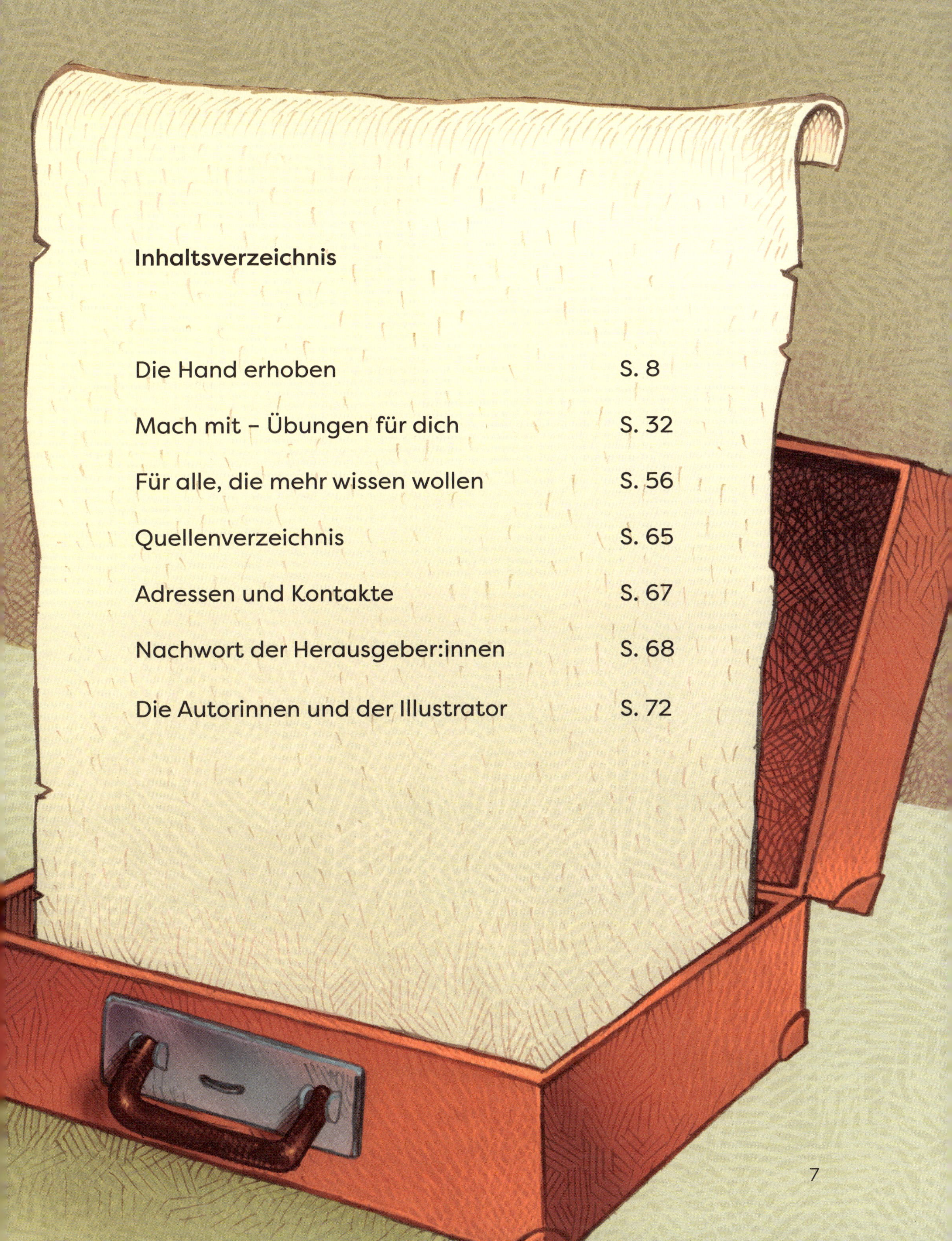

Inhaltsverzeichnis

Maris steht mit ihrem kleinen roten Koffer im Flur und kann der Betreuerin gar nicht richtig zuhören. Unter ihrem Gips juckt es schrecklich.
Die tätowierte Frau erzählt etwas über ein Esszimmer und klingt eigentlich ganz nett. Aber Maris kann nur daran denken, dass sie jetzt hier wohnen soll. Weil es bei ihr zu Hause gerade nicht so schön ist.
Das hat die Frau vom Jugendamt heute Morgen so gesagt.

„Deine Eltern dürfen dich nicht schlagen. Und das wollen wir mit ihnen jetzt in Ruhe besprechen. Dazu ist es gut, wenn du eine Weile nicht bei ihnen wohnst."

Maris ist froh, als die Betreuerin sie endlich in ein Zimmer bringt und auf ein Bett zeigt. „Das ist deins", sagt sie. „In das Schränkchen da kannst du deine Sachen reinpacken. Ich lass dich jetzt erst mal ankommen."
Maris atmet noch einmal tief durch und krabbelt dann unter die fremd riechende Decke. Und bevor sie zu weinen beginnen kann, ist sie eingeschlafen.

Als Maris wach wird, ist es draußen dunkel. Verwirrt blickt sie sich um und bemerkt, wie ein älteres Mädchen aus der Tür huscht. Maris steht auf und tappt dem Mädchen hinterher bis zu einem der Jungszimmer.

„Was macht ihr da?", flüstert sie ein paar Gestalten zu, die von einem Laken verborgen in einem Doppelstockbett sitzen. Drei Köpfe tauchen dahinter hervor.

CHIPS

„Wer bist du denn?“, fragt das große Mädchen verdutzt.
„Ich bin Maris.“
„Hey, ich bin Jaro“, sagt das Mädchen
„Das hier ist Leon.“
Sie zeigt auf einen etwas älteren Jungen, dem ein Pflaster auf der Stirn klebt. Dann deutet sie auf den Kleinsten, der rot anläuft. „Und das ist David!“
„Wir lesen gerade Peter Pan!“, flüstert David.
„Willst du mitmachen?“
Zögernd klettert Maris zu den Dreien in die Bettenhöhle. Und während sie Jaros ruhiger Stimme beim Vorlesen lauscht, schläft sie ein. Nur einmal wird sie noch kurz wach – als Jaro sie hochnimmt und zurück ins Bett trägt.

Am nächsten Morgen hat Maris Angst.
Sie hat schrecklich geträumt und will zu ihren Eltern.
Nach dem Frühstück holt sie ihren roten Koffer unter dem Bett hervor und packt ihre Sachen. Leise öffnet sie die Tür ihres Zimmers. Es ist niemand zu sehen.
Etwas enttäuscht eilt Maris durch den langen Flur.
Wenn sie jetzt wegläuft, kann sie sich nicht von Jaro, Leon und David verabschieden.
Bei dem Gedanken bleibt sie stehen, setzt sich auf eine Bank neben die Haustür und stellt ihren Koffer ab.
„Willst du uns schon verlassen?“, hört sie eine bekannte Stimme. Maris blickt auf.
Jaro steht mit zwei Einkaufstüten vor ihr.Maris ist unsicher. Kann sie Jaro die Wahrheit sagen?

16

Jaros große, ruhige Augen überzeugen sie. „Ich will nach Hause“, murmelt sie.
Jaro stellt die Tüten ab und setzt sich zu ihr auf die Bank. „Verstehe.“
„Ich habe geträumt, das hier wäre Nimmerland[1] und ich kann nie wieder zurück zu Mama und Papa.“
Maris schluchzt jetzt heftig.
Jaro streicht ihr behutsam über den Rücken und friemelt dann einen Kuli aus ihrer Jeans. Wortlos schreibt sie etwas auf einen Kassenbon. „Das ist die Nummer gegen Kummer. Die Betreuerinnen hier haben immer ein offenes Ohr für dich. Aber wenn du mit jemand anderem sprechen willst, dann kannst du diese Nummer anrufen.“ Jaro lächelt. „Aber so schlecht ist es hier gar nicht“, ergänzt sie. „Ich bin schon länger in der Wohngruppe.
Das war am Anfang gar nicht so leicht – ich wollte auch zurück nach Hause. Aber dann habe ich gemerkt, dass es mir hier besser geht.“

---

*[1] Nimmerland: Die Heimat der „verlorenen Jungs“ aus dem Kinderbuchklassiker „Peter Pan“ von James M. Barrie.
Die Insel Nimmerland ist der Zufluchtsort für heimatlose Kinder.*

Maris wundert sich. „Du bist gerne hier? Warum?“ Jaro zieht ihr T-Shirt hoch und zeigt Maris einen großen blauen Fleck am Bauch. Behutsam streckt Maris die Finger aus und umkreist die Stelle. Jaro zuckt zusammen, beginnt dann aber zu erzählen. „Vor sechs Jahren bin ich hierhergekommen. Ich habe damals meinem besten Kumpel erzählt, dass der Freund meiner Mutter mich schlägt. Seine Eltern haben mich dann unterstützt und diese Wohngruppe gefunden.“ Sie macht eine Pause. „Seitdem lebe ich hier. Trotzdem wird es oft noch brenzlig zu Hause, wenn ich zu Besuch bin. Das hier ist vom letzten Wochenende.” Jaro verzieht den Mund. „So schnell werden die mich nicht wieder ohne Aufsicht nach Hause lassen. Ist wohl besser so.“

„Das kenne ich!“, ruft Maris. „Ich kriege immer Ohrfeigen von Papa und Mama.“

Betrübt lässt sie den Kopf an Jaros Schulter sinken. Jaro öffnet den roten Koffer und legt den Bon mit der Nummer hinein. Dann schließt sie den Koffer wieder und klopft einmal kurz auf den Deckel. „Du hast ja jetzt die Nummer gegen Kummer, wenn was ist."

Maris' Blick wandert immer öfter zu den Einkäufen. Jaro lacht und öffnet die Tüten. Lauter Knabberkram! „Das ist unser Leseproviant für heute Abend", sagt Jaro. „Vielleicht willst du ja doch noch hierbleiben." Maris grinst verlegen. Schaden tut es vielleicht nicht.

Am nächsten Tag ist Maris traurig.
Was passiert jetzt mit ihren Eltern? Es wäre so schlimm, wenn sie ins Gefängnis gehen müssten. Sie sitzt im leeren Esszimmer und knibbelt an einem Sticker, der auf dem Tisch klebt. Da öffnet sich die Tür und Leon kommt hinein. Ein frisches Pflaster klebt auf seiner Stirn.
„Sind noch Brötchen da?", fragt er.
Maris schüttelt den Kopf.
Leon sieht sie an. „Alles okay?"
„Ich habe das nicht gewollt." Die Worte kommen ihr schwer über die Lippen.
„Hä, was denn?", fragt Leon und setzt sich ihr gegenüber.
„Na, das alles hier!" Maris zeigt auf ihren Gips. „Ich bin mit dem hier in die Schule gekommen, und die Lehrerin wollte wissen, was los ist. Ich wollte nichts sagen, deswegen hat sie zu Hause angerufen. Und dann ist die Frau vom Jugendamt zu uns gekommen, und ich musste hierher!"
Maris lässt die Schultern hängen. „Die vom Jugendamt hat versprochen, mir zu helfen. Aber was ist, wenn Mama und Papa jetzt Ärger kriegen?"
Leon beugt sich vor. „Bei mir musste sogar die Polizei kommen. Und ich wurde mit Blaulicht ins Krankenhaus gefahren!"
„Die Polizei?" Maris schaut ihn ungläubig an.
„Ja, Mama war so betrunken, dass die Nachbarn dachten, sie reißt das ganze Haus ab. Hier guck!"
Leon zeigt auf das Pflaster.
„Wurde deine Mutter dann verhaftet?", flüstert Maris.
„Nee." Leon winkt ab. „Aber sie musste mit ins Krankenhaus. Dann kamen die Leute vom Jugendamt. Ich kam dann hierher, und Mama ging wieder nach Hause."

Maris schaut wieder auf den Sticker. „Sie durfte einfach gehen?" „Ja, aber sie hat jetzt ganz viele Termine mit dem Amt. Dort wollen sie ihr helfen, nicht mehr so viel zu trinken. Und sie muss Kurse machen, damit sie nicht mehr so ausrastet."
Maris nickt. „Das heißt, sie kommt nicht ins Gefängnis." Erleichtert atmet sie auf. Bestimmt kann man auch ihren Eltern helfen.

„Zeig mal", sagt Leon und beugt sich über den Aufkleber. Gemeinsam schaffen sie es, ihn vom Tisch zu lösen. Nachdem Leon gegangen ist, wandert der Sticker in Maris' Köfferchen.

Am nächsten Tag ist Maris nachdenklich.
Sie sitzt auf der Schaukel und grübelt. Alle hier reden über Gewalt, genauso wie ihr Vater über seine Arbeit redet.
Als wäre es etwas ganz Normales. „Als ob man das einfach jemandem sagen darf", murmelt Maris. Sie bemerkt erst, dass David da ist, als er sie plötzlich umarmt. Seine Arme reichen kaum um sie herum. Auf seinem linken Arm sieht sie drei blasse, rote Punkte. Gestern hat David ihr erzählt, dass das Narben von Zigaretten sind und dass die von seinem Bruder Tom stammen.
Maris zeigt auf die Punkte. „Hast du das jemandem gesagt? Dass dein Bruder dir weh tut? Hast du dich das getraut?"
„Naja, mein Vater wollte nicht, dass ich es jemandem sage", antwortet er und setzt sich zu ihr auf die Schaukel. Seine Beine baumeln in der Luft. „Er will, dass Tom im Laden hilft, darum hat er nichts gemacht. Und ich dann auch nicht.
Tom hat mir oft weh getan, aber ich habe ihn trotzdem lieb, weißt du? Ich wollte ihn nicht verpetzen." Er schaut sie von der Seite an. „Findest du das dumm?"
Maris schüttelt den Kopf. „Nee, das kenne ich."
„Papa wusste einfach nicht mehr weiter. Aber meine Oma hat sich Sorgen gemacht. Ihr habe ich dann alles gesagt.
Ich hatte total Angst, dass sie mir nicht glaubt. Aber als ich ihr die Verbrennungen von Toms Zigarette gezeigt habe, war sie ganz lieb. Sie sagt, dass ich immer zu ihr kommen kann, egal, was ist. Nur wohnen kann ich nicht bei ihr, weil sie krank ist."
Maris schluckt, weil sich in ihrer Familie niemand Sorgen um sie macht wie Davids Oma.

„Oma sagt, dass man sich immer Hilfe holen soll, egal, bei wem“, sagt David. „Auch wenn manche dann nichts machen wollen. Dann muss man eben andere fragen, so lange, bis was passiert.“

„Stimmt.“ Maris überlegt. „Mir haben die Lehrer dann ja auch geholfen. Aber wenn man von sich aus was sagen soll, ist das gar nicht so leicht.“

„Ja, viele reden nicht darüber.“ David hopst von der Schaukel. „Aber wir können denen zeigen, wie es geht! Wir sind die Aufklärungsagenten!“, ruft er und läuft ins Haus. Nach ein paar Sekunden ist er schon wieder da und drückt Maris bunte Stifte und Papier in die Hand. „Wir brauchen noch Abzeichen“, flüstert er.

„Wie Agenten“, flüstert Maris zurück und ist ganz aufgeregt. Sie knien sich hin und basteln gemeinsam zwei Agentenmarken. Ihre eigene legt Maris in ihr Köfferchen. „Auf die werde ich ganz besonders aufpassen“, sagt sie, und David wird etwas rot.

Agentenmarke

Am nächsten Tag sagt die Betreuerin Maris, dass mit ihren Eltern alles geklärt ist. Sie sollen ein Training machen, und einmal die Woche kommt ein Betreuer zu Besuch. Wie bei Leons Mama, denkt Maris. Sie selbst darf bald mit einer Psychologin reden. Abends ziehen sich Maris, Jaro, Leon und David in ihre Bettenhöhle zurück. Jaro hat wieder Snacks für alle organisiert. Während Maris auf einer Lakritzschnecke kaut, wird sie nachdenklich.„Warum tun die das?“, fragt sie in die Runde. „Warum haben die uns so weh getan?“

„Puh, das ist eine schwere Frage“, seufzt Jaro. „Mama meint, das ist der Alkohol“, sagt Leon. „Der macht, dass sie Dinge tut, die sie gar nicht will.“ „Ja, aber nicht jeder trinkt Alkohol“, erwidert Jaro. „Manche sind auch einfach überfordert, gestresst oder wissen nicht, wie sie mit Gefühlen umgehen sollen. Oder sie kennen es selbst nicht anders.“ Maris springt auf. „Dann lasst uns schwören, dass wir nie so werden!“, ruft sie. Feierlich teilen sich die Kinder einen Schokoriegel, dann öffnet Maris ihren Koffer und lässt das Einwickelpapier darin verschwinden.

„Was willst du mit dem Müll?“, fragt Leon.
„Das ist mein Schatz!“ Stolz zeigt Maris die Dinge, die sie in den letzten Tagen gesammelt hat.
David lacht. „Da ist ja unser Abzeichen!“
„Wenn ich irgendwann wieder zu Hause bin“, sagt Maris andächtig, „dann erinnern die Dinge mich an euch und daran, was wir besprochen haben.
Wenn dann was ist, kann ich mir helfen.“

GEHEIM
AGENTIN
MARIS

Mach mit!

Übungen für dich

Hinweise zu den Mach-mit-Seiten
Sie können die Mach-mit-Seiten für diesen Titel kostenfrei über unsere Internetseite nach erfolgter Registrierung online abrufen.
Nutzen Sie dazu bitte den angegebenen Link und melden Sie sich nach den dort beschriebenen Schritten an.
Sie können auf die Materialien über *Mein Konto* zugreifen, indem Sie unter *Meine Zusatzmaterialien* den Code eingeben. Sie werden dann automatisch in den Downloadbereich weitergeleitet.

Link: hgf.io/download
Code: B-MHZGQS

Wir empfehlen Ihnen, sich die Materialien auf Ihrem Rechner zu speichern, um sie jederzeit dauerhaft nutzen zu können.

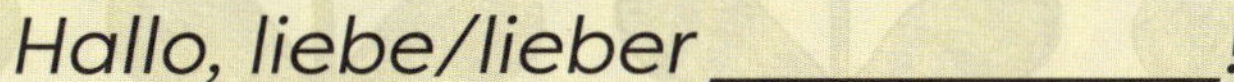

Hallo, liebe/lieber ____________!

Während ihrer Zeit in der Wohngruppe hat Maris ganz viele hilfreiche Zettel und Mutmacher in ihrem kleinen roten Koffer gesammelt. Weil das Maris so gut geholfen hat, möchte sie ihre Schätze auch mit anderen Kindern teilen. Hier kannst du lernen, was du machen kannst, wenn deine Eltern, andere Erwachsene oder Geschwister dich körperlich verletzen. Denn es ist wichtig, dass du dir Hilfe holst.

Wie Maris kannst du dir deine Lieblingsübungen aussuchen, Bastelarbeiten machen und am Ende alles an einem sicheren Ort verstauen. Überleg mal: Hast du so etwas wie einen kleinen roten Koffer?
Bevor es losgeht, ist es wichtig für dich zu erfahren, was es heißt, verletzt worden zu sein.
Wenn Kinder solche Erfahrungen wie Maris und ihre Freund:innen machen, dann sagt man, sie haben körperliche Gewalt erlebt.

Was ist körperliche Gewalt?

Körperliche Gewalt kann ganz unterschiedlich sein. Kinder, die geschlagen, getreten oder geschüttelt werden oder denen auf andere Weise Schmerzen zugefügt werden, haben körperliche Gewalt erfahren.

Körperliche Gewalt gegen Kinder ist ...

- wenn dir jemand absichtlich weh tut – egal wie
- wenn dich jemand berührt und dir damit weh tut und du vielleicht auch später blaue Flecke davon bekommst
- oder eine Beule, dann ist das körperliche Gewalt.
- Und es ist egal, ob dich die Person wirklich verletzen wollte oder ob es einfach passiert ist!

Wer tut Kindern weh?

Eltern zum Beispiel, aber auch Freund:innen von Eltern, Geschwister, Verwandte oder fremde Personen.
ABER: Jedes Kind hat ein Recht darauf, ohne Gewalt groß zu werden! Und jedem Kind, das körperliche Gewalt erlebt, muss geholfen werden.

Erleben auch andere Kinder so etwas wie ich?

Ja. Wie viele Kinder betroffen sind, kann man allerdings nicht genau sagen. Das liegt auch daran, dass Gewalt häufig zu Hause passiert, wo es andere nicht mitbekommen. Und oft trauen sich die Kinder nicht, etwas zu sagen.

Oder sie wissen nicht, dass es Hilfsangebote für sie gibt. Du kannst aber davon ausgehen, dass europaweit ungefähr 12 % der Mädchen und 27 % der Jungen körperlich verletzt werden.

Was macht Gewalt mit mir?

Wie wir die Welt wahrnehmen und auf sie reagieren, wird durch drei Dinge bestimmt: Gedanken, Gefühle und Handeln.

Gedanken entstehen in deinem Kopf. Sie sind wie eine innere Stimme. Sie helfen dir dabei, dich für etwas zu entscheiden, oder du kannst Ideen entwickeln oder über Dinge nachgrübeln.

Gefühle kannst du im ganzen Körper spüren. Wenn du Angst hast, dann zitterst du vielleicht. Wenn du dich freust, brennen deine Wangen und du könntest Bäume ausreißen, so stark bist du. Jedes Gefühl zeigt sich anders. Natürlich ist es nicht immer ganz einfach, sie zu unterscheiden.

Handeln ist alles, was du tatsächlich machst. Wenn du nach einem Glas greifst, zum Bus rennst oder zu Musik tanzt.

Gedanken, Gefühle und Handlungen sind miteinander verbunden. Sie beeinflussen sich gegenseitig, sodass eine Veränderung der Gedanken auch deine Gefühle und deine Handlungen verändern kann.

Körperliche Gewalt zeigt sich bei Kindern ganz unterschiedlich im Denken, Fühlen und Handeln. Hier ist ein Beispiel von David: Eines Abends hat Tom seine Zigarette wieder auf Davids Arm ausgedrückt. Es hat furchtbar gebrannt und weh getan. Als David später im Bett liegt, denkt er: „Tom tut mir immer wieder weh, aber ich kann das niemandem erzählen. Keiner wird mir glauben."

Dieser Gedanke macht David traurig, er fühlt sich ganz allein. Als seine Oma am nächsten Morgen fragt, ob alles gut ist, bejaht er und fragt nicht nach Hilfe.
Du siehst also, dass Davids Gedanken beeinflussen, was er danach macht.

Wenn David allerdings denkt: „Ich will nicht, dass Tom mir weh tut. Das müssen andere auch verstehen", dann fühlt er sich mutig.
Und wenn seine Oma am nächsten Morgen fragt, ob alles gut ist, kann er ihr alles erzählen.

Kennst du Gedanken, die dich traurig oder ängstlich machen? Und welche, die dich fröhlich oder mutig machen?
Hier ist Platz, um diese Gedanken einmal aufzuschreiben.

Was denkst du in einer guten Situation?

____

Wie fühlst du dich? Wo spürst du es in deinem Körper?

____

Was machst du? ______________________________

____

Was denkst du in einer schwierigen Situation?

____

Wie fühlst du dich? Wo spürst du es in deinem Körper?

____

Was machst du? ________________________________

____

Wie könntest du die schwierige Situation verändern? Könntest du versuchen, einen anderen Gedanken zu haben, so wie David? Probiere einmal, hier einen neuen Gedanken für die schwierige Situation aufzuschreiben. Überlege dann, wie du dich fühlst und was du machst.

Was wäre ein neuer Gedanke für die schwierige Situation?

____

Wie fühlst du dich? Wo spürst du es in deinem Körper?

____

Was machst du? ________________________________

____

All deine Gefühle, Gedanken und Handlungen, die du zeigst, sind wertvoll. Auch die, die du hast, weil dir wehgetan wurde. Vielleicht bist du traurig, hast Angst, bist wütend oder verwirrt. Manche Kinder fühlen auch gar nichts – das ist alles in Ordnung. Das sind ganz normale Reaktionen auf eine schlimme Situation. Manchmal können Kinder auch nicht mehr gut schlafen, haben keinen Appetit mehr oder können sich in der Schule nicht mehr konzentrieren. Sprich über deine Gefühle mit Menschen, die dir helfen können!

Beratungsstellen

Jugendschutzstellen, Kinder- und Jugendnotdienst

Das Jugendamt

PSYCHOTHERAPEUT:INNEN

„Die Nummer gegen Kummer“ (+ Tel.: 116 111)

DIE POLIZEI

ÄRZT:INNEN UND DAS KRANKENHAUS

Lehrer:innen

Auf der Homepage des Verlags im Online-Bereich dieses Buches kannst du noch genauere Informationen darüber finden, was die einzelnen Menschen genau machen und wie du sie erreichen kannst. Es stehen dort zum Beispiel auch Telefonnummern oder Links zu Internetseiten der Beratungsstellen.

Wie erkennen Expert:innen körperliche Gewalt?

Ärzt:innen sind darauf trainiert zu erkennen, wenn jemand einem Kind weh getan hat. Sie können unterscheiden, ob ein blauer Fleck vom Fußballtraining oder von einem Schlag beispielsweise durch einen Erwachsenen passiert ist. Um die Verletzungen und den Körper gut behandeln zu können, müssen sie Folgendes abklären:

- Sie fragen dich, was passiert ist und warum du zu ihnen gekommen bist.

- Sie untersuchen deinen Körper und gucken sich alle Verletzungen genau an.

- Wenn du große Verletzungen hast, wenn zum Beispiel ein Knochen gebrochen wurde, muss dieser vielleicht sogar geröntgt werden.

- Manchmal nehmen Ärzt:innen auch noch andere Geräte zu Hilfe, damit sie in deinen Körper hineingucken können. So können sie schauen, ob alle Organe okay sind.

Bei einer Psychotherapie geht es den Therapeut:innen darum, zu gucken, ob und wie dich die körperliche Gewalt psychisch beeinflusst hat. Sie fragen nach Gefühlen, Empfindungen und dem Denken. Erst wenn alles besprochen ist, können sie dich richtig behandeln – aber nicht deinen Körper, sondern deine Seele. Zum Beispiel müssen sie vor einer Therapie klären:

- Was ist passiert? Wie häufig hast du körperliche Gewalt erlebt?

- Wie fühlst du dich jetzt?

- Denkst du, dass du selbst schuld daran bist, was passiert ist?

- Kannst du dich noch konzentrieren? Warst du in der letzten Zeit sehr traurig?

- Fängst du an zu zittern, hast Bauch- oder Kopfschmerzen, wenn du an die Gewalt erinnert wirst?

... und noch ganz viel mehr!
Aber anders als in der Schule gibt es bei diesen Fragen keine falschen Antworten!

Eine Notfallkarte basteln

Im ersten Teil hast du viel über körperliche Gewalt erfahren. Jetzt wollen wir gemeinsam schauen, was du machen kannst, um dich zu schützen. Dafür basteln wir mit dir eine Notfallkarte. Du kannst dir eine Vorlage aus dem Online-Bereich dieses Buches herunterladen und ausdrucken. Wenn du alles ausgefüllt hast, kannst du sie da hinlegen, wo du sie immer findest – zum Beispiel in dein Hausaufgabenheft.

Beispielgespräch

„Vor sechs Jahren bin ich hierhergekommen. Ich habe damals meinem besten Kumpel erzählt, dass der Freund meiner Mutter mich schlägt. Seine Eltern haben mich dann unterstützt und diese Wohngruppe gefunden." Das erzählt Jaro Maris. Aber so einfach, wie Jaro jetzt darüber reden kann, war es für sie damals nicht. Und das ist es meistens für Kinder mit Gewalterfahrungen nicht. Wenn du nicht weißt, ob und wie du um Hilfe bitten kannst, kann dich der folgende Dialog zwischen Jaro und ihrem besten Freund Ben dabei unterstützen.

Jaro läuft auf Ben zu. Er ist schon seit dem Kindergarten ihr bester Freund. Wenn sie Zeit mit ihm verbringt, dann vergisst sie fast, was bei ihr zu Hause gerade los ist.
„Hallo Jaro, wie geht's dir?", fragt Ben.
Jaro ist unsicher. Soll sie ihm die Wahrheit sagen oder einfach lügen, dass alles okay ist? Normalerweise antwortet sie immer, dass es ihr gut geht, aber heute fühlt sie sich viel zu schlecht dafür. Jaro überlegt. Damals, als sie ihr neues Handy verloren hat, ist Ben mit ihr den ganzen Schulweg noch dreimal abgelaufen, bis sie das Handy in einem Busch wiedergefunden haben! Da hat er sie auch nicht an ihre Mutter oder irgendwen verraten, sondern hat ihr geholfen.
Jaro antwortet: „Du, Ben, ich muss dir was sagen."
Ben: „Na klar! Was ist?"
Jaro: „Meine Mama hat ja jetzt einen neuen Freund. Am Anfang war er ganz okay, aber jetzt …
Er schlägt mich immer, wenn er wütend ist. Und ich kann nichts machen!" Ben umarmt Jaro:
„Oh nein … Und deine Mama?"
Jaro: „Die hat selber Angst vor ihm und tut immer so, als wäre seine Wut okay." Ben: „Und jetzt?
Wir müssen das doch jemandem sagen!" Jaro: „Aber wem?"
Ben: „Wir fragen erst mal meine Eltern. Mein Papa kann alles und wird dir bestimmt helfen!"
Jaro: „Wenn du meinst …"
Ben: „Jaro. Du bist mutig. Und du hast mich an deiner Seite. Wir schaffen das."

Jaro konnte Ben alles erzählen. Und wenn du nachdenkst, fällt dir bestimmt auch jemand ein, dem du vertraust und dem du alles erzählen kannst. Dein bester Freund, deine Freundin oder ihre Eltern, ein Lehrer, deine Zahnärztin ... Aber auch unter der „Nummer gegen Kummer“ oder ähnlichen Hilfsangeboten findest du aufmerksame Menschen, die dir zuhören werden.

Agentenmarken

„Wir sind die Aufklärungsagenten!“, ruft David in unserer Geschichte, und dann bastelt er mit Maris eine Agentenmarke. Da so eine Marke nicht nur cool ist, sondern auch hilfreich sein kann, solltest du dir auch eine basteln.

1. Lade dir am besten mithilfe eines Erwachsenen die Schablone von unserer Homepage runter.

2. Schneide die Marke an der gestrichelten Linie aus.

3. Trage deinen Namen und deinen Geburtstag ein.

4. Nun versuche das, was du erlebt hast, in Worte zu fassen. Das ist bestimmt gar nicht so einfach und braucht vielleicht ein paar Anläufe auf einem anderen Papier zum Üben. Je öfter du deine Geschichte liest, desto leichter wird es dir fallen, deine dabei auftauchenden Gefühle zu beruhigen. Am Ende sollte deine Geschichte sich für dich so anfühlen, dass du sagen kannst: „Ja, das ist mir passiert.“

Für viele Kinder ist schon das Aufschreiben dessen, was sie erlebt haben, eine Erleichterung. Und wenn du dich selbst nicht traust, anderen von deinen Erfahrungen mit Gewalt zu erzählen, zeig ihnen deine Agentenmarke, denn da steht ja alles drauf.

Damit zeigst du ganz viel Mut. Und wie David sagt:

Wenn es nicht reicht, eine Person um Hilfe zu bitten,
muss man eben andere fragen, so lange,
bis was passiert.

Agentenposen

Kennst du das? Wenn du traurig bist, lässt du die Schultern und den Kopf hängen oder kauerst dich zusammen. Wenn du glücklich bist, stehst du aufgerichtet und lässt die Arme locker baumeln. Deine Gefühle bestimmen oft, wie du dich bewegst. Umgekehrt geht das aber auch! Gerade, wenn es dir nicht gut geht, kannst du dir mit diesem Trick etwas Gutes tun und dein Selbstvertrauen stärken. Stell dich dazu hin, mach dich groß und nimm eine der Agentenposen ein.

Maris und die anderen zeigen dir, wie es geht. Hauptsache, du machst dich richtig groß. Am besten lächelst du dabei sogar. Bleib dann so für mehrere Atemzüge stehen, idealerweise für ein bis zwei Minuten.

Merkst du den Unterschied zu vorher? Fühlst du dich jetzt vielleicht selbstsicherer?

Hast du vielleicht eine Lieblingspose? Probiere es aus und stelle dich immer wieder in deiner Agentenpose hin!

Muntermacher

Möglicherweise kennst du das: Wenn es zu Hause mal wieder richtig schlimm ist, bist du nur noch traurig und hast Angst. Oder du willst dich in deinem Bett verkriechen und nie mehr rauskommen. In solchen Momenten wirkt vielleicht auch die Agentenpose nicht mehr.
Dann muss was Stärkeres her!

In unserer Geschichte hat Maris auch Angst, ist traurig oder macht sich Sorgen. Aber wenn sie mit Jaro, Leon und David redet, geht es ihr danach gleich besser. Und auch die Leseabende helfen ihr, sich richtig wohlzufühlen. Denn egal, mit welchen Problemen du gerade kämpfst: Du darfst ein Kind sein! Wenn es dir zu Hause nicht gut geht, mach trotzdem so oft du kannst etwas Schönes, Lustiges oder Albernes.
Dann geht es dir besser.
Manchmal muss man sich dazu zwingen, aber es lohnt sich!

Das solltest du mal ausprobieren, wenn du traurig bist ...

- ein Eis essen gehen
- eine Kissenburg mit Freunden bauen
- einen Papierflieger-Wettbewerb machen
- lustige YouTube-Videos gucken
- ein Buch lesen
- deinen Lieblingssong hören

Das sind deine Ideen ...

-
-
-
-
-
-
-

Ein Sticker für gute Laune

Der Sticker aus dem Esszimmer ist für Maris ein kleiner Schatz geworden. Jedes Mal, wenn sie ihn anschaut, muss sie lächeln. Er erinnert sie an Leon und daran, dass sie keine Angst zu haben braucht. Außerdem macht er ihr gute Laune.
Bastle dir doch auch einen Sticker mit Papier und Buntstiften, der dich an etwas Schönes erinnert oder einfach lustig, bunt und schön ist! Den kannst du dir dann mit Klebeband an eine Stelle kleben, die du jeden Tag siehst. Vielleicht erinnert er dich ja dann auch an Maris und ihre Geschichte.

Atmen für Fortgeschrittene

Vielleicht fühlst du dich zu Hause nicht mehr sicher, weil dir dort weh getan wurde. Vielleicht musst du immer daran denken, dass es wieder passieren könnte. Vielleicht erinnerst du dich ständig daran, wie du in der Vergangenheit verletzt wurdest. Das ist sehr belastend. Für deine Seele und für deinen Körper. Wenn Menschen von Gefühlen, Sorgen und Erinnerungen gequält werden, erleben sie Stress. Und dann fängt man an, ganz flach und schnell zu atmen. Dadurch wird es schwierig, sich wieder zu beruhigen.
Die Bauchatmung kann dir helfen, dich wieder zu entspannen und einen klaren Kopf zu bekommen.

Die Bauchatmung

- *Setz dich auf einen bequemen Stuhl und lehn dich zurück oder leg dich hin.*
- *Leg deine linke Hand auf deine Brust und deine rechte Hand auf deinen Bauch.*
- *Stell dir vor, dass in deinem Bauch ein Luftballon ist, den du aufblasen musst.*
- *Atme langsam ein und beobachte, wie dein Bauch größer wird.*
- *Deine Hand auf dem Bauch hebt sich.*
- *Jetzt musst du die Luft wieder aus dem Ballon rauslassen.*
- *Atme langsam aus und beobachte, wie dein Bauch kleiner wird.*
- *Deine Hand auf dem Bauch senkt sich.*

Du kannst dir auch ein mittelgroßes Kuscheltier auf den Bauch setzen, wenn du bei deiner Hand auf deinem Bauch nicht richtig sehen kannst, ob sie sich bewegt oder nicht.

Die Hand auf deiner Brust sollte sich nur ein bisschen bewegen. Und du kannst diese Übung natürlich Freund:innen oder anderen Leuten zeigen, die auch angespannt sind.

Mach mich stark!

Diese Übung ist besonders hilfreich, wenn deine Probleme und Sorgen bereits von jemandem angehört wurden und du dich verstanden fühlst.
Jeder Mensch hat ein Bild von sich, von seinen Eigenschaften und seinen Fähigkeiten, die gut oder eher nicht so gut sein können. Wenn man die Aufmerksamkeit auf die nicht so guten Eigenschaften lenkt, kann man schnell traurig und mutlos werden. Auf der anderen Seite kann aber ein Blick auf die guten Eigenschaften die Stimmung heben und sogar dazu führen, dass man tolle Seiten an sich entdeckt.

Und so geht's:

1. Überleg mal: Was finden deine Freundinnen und Freunde an dir gut?

____

____

____

____

____

____

2. Was kannst du besonders gut?

____

____

____

____

____

____

3. Wann hast du das gemacht, was du besonders gut kannst?

____

____

____

____

____

____

4. Wenn es dir leichter fällt, kannst du auch einen „Obwohl“-Satz bilden: „Obwohl ich schüchtern bin, habe ich mich vorgestern zu meinen Klassenkameraden gestellt und mitgespielt.“

____

____

____

____

____

____

Lies dir jeden Tag mehrmals deine Antworten durch!

Wir haben dir jetzt gezeigt, was du bei körperlichen Gewalterfahrungen machen kannst.
Neben körperlicher Gewalt gibt es aber auch noch sexualisierte oder auch emotionale Gewalt, und manche Kinder werden von ihren Eltern vernachlässigt.

Manche Kinder erleben auch mehrere Formen von Gewalt, z. B. sexualisierte und körperliche Gewalt. Wenn du mehr zu den anderen Formen von Gewalt wissen willst, findest du Informationen dazu in den anderen Kinderbüchern dieser Reihe: In „Wo ist denn dein Leuchten hin?“ geht es um emotionale Gewalt; bei „Mio, der Braunbär“ um sexualisierte Gewalt und in „Wohin, kleine Eda?“ um Vernachlässigung.

Für alle, die mehr wissen wollen

Informationen für Eltern und Bezugspersonen

Liebe Erwachsene,

wenn Kinder körperliche Gewalt erfahren, ist das immer ein Grund einzuschreiten, um dem Kind zu helfen. Wenn Sie als Eltern selbst zu Gewalt neigen und sich Hilfe suchen möchten oder Sie nicht sicher sind, wie Sie Ihr Verhalten in Hinblick auf Ihr Kind ändern können, hoffen wir, dass die folgenden Seiten Ihnen und Ihrem Kind helfen können. Allein die Offenheit für einen Austausch bedeutet viel und kann sich positiv auf das Familienklima auswirken. Sollten Sie nicht selbst betroffen sein, möchten aber einem Kind helfen, haben wir ebenfalls Informationen zusammengetragen, die Sie dabei unterstützen können.

Ist Bestrafung ein wichtiger Bestandteil von Erziehung?

Kinder brauchen die Unterstützung von Erwachsenen, um sich gesund und glücklich zu entwickeln. Eine gute Basis dafür bietet eine angereicherte Umwelt: mit vielen Möglichkeiten zu spielen, zu entdecken und zu lernen. Auch klare Regeln und Grenzen, die zum Alter und Entwicklungsstand des Kindes passen, können helfen. Beispiele für angemessene Erziehungsmethoden haben wir an späterer Stelle für Sie gesammelt.
Unter Bestrafung hingegen versteht man den Einsatz körperlicher oder psychischer Maßnahmen und die Ausübung von Dominanz, Kontrolle und Macht. Häufig wird körperliche Gewalt als Erziehungsmethode dann eingesetzt, wenn Eltern von Gefühlen wie Zorn und Verzweiflung überwältigt werden. Oft haben die Eltern unrealistische Erwartungen an das Kind, eigene physische oder psychische Probleme oder sind in sozial oder finanziell kritischen Situationen. Manche Eltern haben selbst als Kind Formen von Gewalt erfahren. Die entsprechenden Handlungen werden dann als Erziehungsmethode eingesetzt, meist in dem Glauben, sich noch innerhalb der sozialen Normen zu bewegen und das Kind „angemessen“ zu bestrafen.

Was passiert, wenn Kinder körperliche Gewalt erfahren?

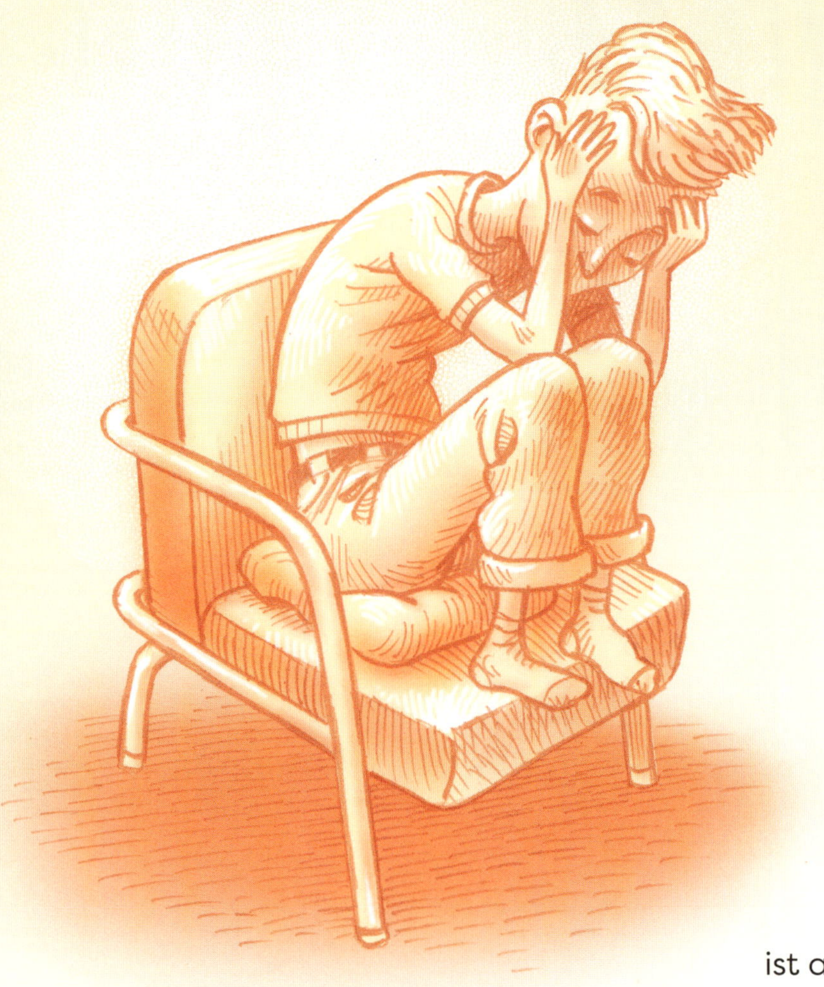

Die Auswirkungen von körperlichen Gewalterfahrungen werden von einer Vielzahl von Faktoren beeinflusst. Ganz so, wie die Kinder in der Geschichte ihren eigenen Umgang mit dem Erlebten hatten, sind die Konsequenzen für jedes Kind verschieden. Dabei ist auch das Ausmaß der Erlebnisse entscheidend: Je häufiger und intensiver die Gewalterfahrungen sind, umso drastischer können die Konsequenzen sein. Nachweislich kann es zu Veränderungen im Gehirn kommen, und Gefühle, Gedanken, Verhalten und der Umgang mit anderen können sich verändern. So können Kinder die Fähigkeit verlieren, zwischen Gefahr und Sicherheit zu unterscheiden, und langanhaltende Ängste entwickeln. Oder es fällt ihnen schwer, Situationen richtig einzuschätzen, da das Nervensystem zu erregt ist. Auch ein Abfall der schulischen Leistung ist möglich.
Die Gefahr steigt, dass Kinder an psychischen Störungen erkranken, wie z. B. Depressionen, Angststörungen oder Posttraumatischer Belastungsstörung.

Wie kommt man da raus?

Familien, in denen Gewalt eine Rolle spielt, sind häufig mit der Situation überfordert und benötigen Unterstützung von außen. Sei es, dass das Kind selbst Opfer physischer Gewalt ist oder dass es Gewalt in der eigenen Familie beobachtet: Kinder, die körperliche Gewalt im eigenen Heim oder auch außerhalb der Familie erlebt haben, benötigen die Hilfe von Erwachsenen.

Für Lehrkräfte, Therapeut:innen, Ärzt:innen und andere Erwachsene

Erzählt Ihnen ein Kind von erlebter körperlicher Gewalt, ist dies immer ein Hilferuf und ernst zu nehmen. Es erfordert Mut zu helfen, doch es gibt Anlaufstellen in Beratungseinrichtungen und Familienzentren, die genau für solche Fälle mit Rat und Tat bereitstehen. Jugendschutzstellen sind rund um die Uhr geöffnet, sodass Sie das Kind direkt dort hinbringen können, wenn es sich in einer Gefahrensituation befindet. In Deutschland kann Ihnen eine insoweit erfahrene Fachkraft (kurz: ISEF) auch in einem anonymen Gespräch bei Verdacht oder Gewissheit dabei helfen, weitere Schritte zu initiieren. Auch wenn Sie nur einen Verdacht haben – fragen Sie immer einmal mehr nach, als dass Sie das Kind in seiner Situation allein lassen

Für Eltern

Gerade als Eltern kostet es viel Überwindung, auf andere zuzugehen und von der eigenen Situation zu berichten. Das wissen auch die entsprechenden Stellen: Daher geht es nicht darum, Verhalten zu verurteilen, sondern praktische Lösungen zu finden und Unterstützung zu geben. Solche Anlaufpunkte sind Familien- und Elternberatungsstellen, das Jugendamt und therapeutische Angebote.

Das oberste Ziel des Jugendamtes ist es immer, dass die Kinder in ihren Familien bleiben können. Daher gibt es sozialpädagogische Familienhilfen, die vom Jugendamt eingesetzt werden und die Familien in schwierigen Situationen begleiten. Ein Angebot der Städte in Deutschland sind Elternführerscheine, die in Familien- und Elternberatungsstellen erworben werden können. Dort erhalten Sie direkte Hilfe und erfahren, welche Möglichkeiten es in Ihrer Stadt für Sie gibt. In manchen Städten gibt es heutzutage auch größere Trainingsprogramme, die im Rahmen von Sozialhilfen und Psychotherapien angeboten werden und auf Basis neuerer wissenschaftlicher Erkenntnisse erstellt wurden.

Die besten Nachweise für Wirksamkeit finden sich bei verhaltenstherapeutischen Trainings, wie zum Beispiel dem *Positive-Parenting-Programm* von Sanders (kurz: Triple P), das sich prinzipiell an alle Familien richtet. Ein speziell für Familien mit höherem Risiko zu körperlicher Gewalt weiterentwickeltes Aufbaumodul ist das *Triple P Wege*, das unter anderem die Bewältigung von Ärger adressiert. Entsprechende Adressen und weitere Informationsquellen finden Sie im Online-Bereich des Buches. Sollten Sie in einer akuten Gewaltsituation sein oder haben Sorge, dass Sie Ihrem Kind etwas antun, können auch Sie zu jeder Zeit den polizeilichen Notruf absetzen, um Hilfe zu erhalten.

Hallo …

… ich brauche Hilfe

Was können betroffene Eltern selbst tun?

Generell empfiehlt es sich, professionelle Hilfe aufzusuchen. Es gibt jedoch auch einige Tipps, die Eltern in der Erziehung befolgen können:

1. Reden Sie mit Ihrem Kind über seine Gefühle und Bedürfnisse.
Nehmen Sie die Bedürfnisse und Gefühle Ihres Kindes wahr und ernst und versuchen Sie, Ihr Kind in seinem Erleben zu verstehen. Kinder können meist noch nicht von selbst erkennen, wenn ihre Eltern überfordert sind. Haben Sie daher Verständnis und Geduld.

2. Erlauben Sie dem Kind, Gefühle zu haben.
Kinder müssen Gefühle voll zulassen dürfen, um Problemlösestrategien und Selbstwirksamkeit zu erlernen. Begegnen Sie Wut oder Trotz nicht mit Bestrafungen, sondern mit Verständnis, und helfen Sie dem Kind, mit den Gefühlen und der Situation umzugehen. Es ist okay, auch mal traurig zu sein, Angst zu haben oder wütend zu sein.

3. Sorgen Sie für sich.
Wenn Sie merken, dass Sie von negativen Gefühlen und Stress überwältigt werden, suchen Sie rechtzeitig nach Menschen, die sich eine Zeit lang um Ihr Kind kümmern können. Tun Sie Dinge, die Ihnen Freude bereiten. Und suchen Sie sich professionelle therapeutische Hilfe, wenn Sie über längere Zeit unter depressiver Stimmung, Ängsten und Überforderungsgefühlen leiden.

4. Setzen Sie die Punkte, die Sie auf den nächsten beiden Seiten finden, um.

Was können Sie bei Problemverhalten Ihres Kindes tun?

Die folgenden Punkte sind dem Training *Triple P* entnommen und werden dort ausführlich behandelt und eingeübt. Sie stellen Erziehungsstrategien dar, von denen Familien generell profitieren können.

1. Stellen Sie klare, einfache Familienregeln auf. Am besten machen Sie das in einer ruhigen Situation in einer Familienkonferenz. Stellen Sie nicht zu viele Regeln auf (3 bis 5 sind für den Anfang gut), und stellen Sie sicher, dass diese Regeln von allen gut befolgt werden können. Belohnen Sie das Einhalten dieser Regeln – zum Beispiel können Punkte dafür gesammelt werden, wenn die Regel „Wir schreien im Haus nicht, sondern reden ruhig miteinander" eingehalten wird. Diese Punkte können dann in etwas Schönes umgetauscht werden – zum Beispiel ein gemeinsames Spiel.

2. Absichtliches Ignorieren (bewusstes Nichtbeachten, solange nur geringfügiges Problemverhalten auftritt). Wenn Ihr Kind beispielsweise vor dem Mittagessen rumquengelt, dass es ein Eis möchte, ignorieren Sie dieses Gequengel und richten Ihre Aufmerksamkeit auf die Zubereitung des Mittagessens.

3. Geben Sie klare und ruhige Anweisungen, wenn Ihr Kind mit einer neuen Tätigkeit beginnen oder ein Problemverhalten unterbrechen soll. Zum Beispiel: „Ich möchte, dass du jetzt den Müll runterbringst."

4. Setzen Sie logische Konsequenzen ein, die der Situation angemessen sind. Geben Sie Ihrem Kind, wenn es Saft verschüttet hat, nicht zwei Wochen Hausarrest, sondern einen Lappen, damit es den Saft selbst aufwischt.

5. Wenn Ihr Kind ein Problemverhalten zeigt, das für Sie nicht akzeptabel ist (wenn es Sie beispielsweise geschlagen, angespuckt oder extrem beleidigt hat), **schicken Sie das Kind in eine Auszeit**, damit die Situation unterbrochen wird und Sie und Ihr Kind sich wieder beruhigen können. Pro Lebensjahr sollte die Auszeit eine Minute umfassen. Wenn Ihr Kind sich weigert zu gehen oder Sie Gewalt anwenden müssten, um die Auszeit durchzusetzen, verlassen Sie die Situation, indem Sie zum Beispiel in einen anderen Raum gehen. Es ist nicht wichtig, wer aus der Situation herausgeht, solange die Situation unterbrochen wird und beide Seiten sich beruhigen können.

6. Schauen Sie voraus und planen Sie, wie Sie mit problematischen Situationen zukünftig umgehen wollen. Steht ein langwieriger Familienbesuch bevor, überlegen Sie im Voraus, welche Spiele, Malsachen oder welches Buch Sie Ihrem Kind gegen die Langeweile mitgeben können.

7. Halten Sie sich an Absprachen. Wenn Familienregeln aufgestellt wurden oder Sie mit Ihrem Kind eine Abmachung getroffen haben, halten auch Sie sich daran. Berufen Sie sich notfalls auf die gemeinsam getroffene Absprache, wenn es zu Diskussionen kommt.

8. Gehen Sie Kompromisse ein. Verstehen Sie die Bedürfnisse Ihres Kindes und vereinbaren Sie Kompromisse. Erlauben Sie Ihrem jugendlichen Kind zum Beispiel nur bis 19 Uhr draußen zu sein, während die Freunde und Freundinnen bis 22 Uhr ausgehen dürfen, wäre ein Kompromiss, zu schauen, ob 21 Uhr als Frist funktioniert.

Weitere Tipps finden Sie in kurzen Videos zusammengefasst auf der Seite www.familienunterdruck.de.

Denken Sie daran:
Jedes Problemverhalten bietet auch die Chance einer positiven Lernerfahrung – für Ihr Kind und für Sie!

Wie kann eine positive Interaktion mit dem Kind gefördert werden?

Sie haben nun schon viele Informationen erhalten, was Sie tun können, um aus den negativen Mustern herauszukommen. Ein wesentlicher Baustein einer positiven Entwicklung liegt in dem Aufbau einer positiven Eltern-Kind-Beziehung. Die folgenden Punkte sind dabei von besonderer Bedeutung:

Gemeinsame positive Zeit mit dem Kind verbringen

Merkmale von wertvoller Beziehungszeit sind häufige und kurze Kontakte, die, wenn möglich, durch das Kind initiiert werden. Gemeinsames Spielen eignet sich ebenso wie gemeinsames Kochen, Bauen oder Gartenarbeit, um die Zeit miteinander genießen zu können. Manchmal sind es aber auch die kleinen Gesten wie ein Kopfnicken, Augenzwinkern oder leichtes Klopfen auf die Schulter, die dem Kind ein Gefühl von Anerkennung und Zugehörigkeit vermitteln. Sie müssen dafür auch nicht viel tun oder leisten. Am schönsten ist es für Ihr Kind, wenn Sie einfach laut kommentieren, was es macht, z. B. „Jetzt klettert die Piratin den Mast hoch" oder „Jetzt springt der Prinz auf sein Pferd". Ein solches Verhalten signalisiert Ihrem Kind, dass Sie es genau beobachten und ihm Ihre Aufmerksamkeit uneingeschränkt schenken.

Zuneigung zeigen

Die Bedürfnisse und Wünsche des Kindes sollten stets ausschlaggebend dafür sein, welche Art von Zärtlichkeit gegeben wird und wie häufig es dazu kommt. Nicht jedes Kind mag dieselben Ausdrücke von Zuneigung. Überlegen Sie gemeinsam mit Ihrem Kind, was schön für Ihr Kind ist – wie eine Rückenmassage, gekrault oder in den Arm genommen werden ...

Mit dem Kind reden

Regelmäßige kurze Gespräche mit Ihrem Kind über Themen, die Ihr Kind interessieren (Lieblingsspiel oder -sendung), fördern eine gute Beziehung. Sprechen Sie über seine Gefühle und darüber, was es gerade beschäftigt. Vor allem: Hören Sie zu und zeigen Sie ehrliches Interesse.

Quellenverzeichnis

American Psychiatric Association. (2018). *Diagnostisches und Statistisches Manual Psychischer Störungen* (2. Aufl.). Verfügbar unter http://doi.org/10.1026/02803-000

Barrie, J. M. (1995). Peter Pan. Berlin, München: Altberliner.

Berner, B. (2014). Ärztliche Schweigepflicht bei Kindesmisshandlung. *Deutsches Arzteblatt, 111* (16).

Bundesärztekammer. (2020). *Vernachlässigung und Misshandlung von Kindern: Früherkennung und Prävention als ärztliche Aufgabe.* Zugriff am 16. Juni 2021 unter https://www.bundesaerztekammer.de/aerzte/versorgung/praevention/kindesmisshandlung/

Child Welfare Information Gateway. (2015). *Understanding the effects of maltreatment on brain development.* Washington, DC: U.S. Department of Health and Human Services, Children's Bureau.

Fachverband Gewaltfreie Kommunikation e.V. (2020). *Einfache Selbstempathie.* Zugriff am 22. Oktober 2021 unter https://www.fachverband-gfk.org/einfache-selbstempathie

Fry, D., Fang, X., Elliot, S., Casey, T., Zheng, X., Li, J., Florian, L. & McCluskey, G. (2017). The relationships between violence in childhood and educational outcomes: A global systematic review and meta-analysis. *Child abuse & neglect*, 75, 6–28. https://doi.org/10.1016/j.chiabu.2017.06.021

Herrmann, B., Dettmeyer, R., Banaschak, S. & Thyen, U. (2016). Diagnostik bei körperlicher Kindesmisshandlung und Vernachlässigung. In B. Herrmann, R. Dettmeyer, S. Banaschak & U. Thyen (Hrsg.), *Kindesmisshandlung: Medizinische Diagnostik, Intervention und rechtliche Grundlagen* (S. 23–38). Berlin, Heidelberg: Springer.

Hillis, S. D., Mercy, J. A. & Saul, J. R. (2016). The enduring impact of violence against children. *Psychology, Health & Medicine*, 22 (4), 393-405. https://doi.org/10.1080/13548506.2016.1153679

Kavemann, B. & Kreyssig, U. (Hrsg.). (2013). *Handbuch Kinder und häusliche Gewalt* (3. Aufl.). Wiesbaden: VS Verlag für Sozialwissenschaften. https://doi.org/10.1007/978-3-531-18960-4

Linden, M. & Hautzinger, M. (Hrsg.). (2015). *Verhaltenstherapiemanual* (8. Aufl.). Berlin, Heidelberg: Springer. https://doi.org/10.1007/978-3-642-55210-6

Moody, G., Cannings-John, R., Hood, K., Kemp, A. & Robling, M. (2018). Establishing the international prevalence of self-reported child maltreatment: a systematic review by maltreatment type and gender. *BMC public health, 18* (1), 1–15. https://doi.org/10.1186/s12889-018-6044-y

National Scientific Council on the Developing Child. (2010). *Persistent Fear and Anxiety Can Affect Young Children's Learning and Development: Working Paper No. 9.* Zugriff am 05. Juni 2021 unter www.developingchild.harvard.edu.

Norman, R. E., Byambaa, M., De, R., Butchart, A., Scott, J. & Vos, T. (2012). The long-term health consequences of child physical abuse, emotional abuse and neglect: a systematic review and meta-analysis. *PLOS Medicine, 9* (11). https://doi.org/10.1371/journal.pmed.1001349

Nummer gegen Kummer e.V. (n.d.). *Beratung für Eltern, Kinder und Jugendliche.* Zugriff am 09.07.2021 unter https://www.nummergegenkummer.de/

Polizeiliche Kriminalprävention der Länder und des Bundes (ProPK). (2019). *Kindesmisshandlung erkennen.* Zugriff am 22.10.2021 unter https://www.polizei-beratung.de/themen-und-tipps/gewalt/kindesmisshandlung/tipps/

Polizeiliche Kriminalprävention der Länder und des Bundes (ProPK). (2019). *Kindesmisshandlung. Kinder schützen. Eine Handreichung für Lehrkräfte und pädagogische Fachkräfte.* Zugriff am 22.10.2021 unter https://www.fachstelle-kinderschutz.de/files/02_Kinderschutzpartner/Polizei/044_HR_Kinderschuetzen.pdf

Rosner, R. (2017). AB 5.2 *Fokussiertes Atmen Anleitung Bauchatmung.* Zugriff am 01. Mai 2021 unter https://tfkvt.ku.de/mehr/arbeitsmaterial/

Schneider, S. & Margraf, J. (Hrsg.). (2019). *Lehrbuch der Verhaltenstherapie* (Band 3, 2. Aufl.). Berlin, Heidelberg: Springer. https://doi.org/10.1007/978-3-662-57369-3

Staatliches Schulamt für den Main-Kinzig-Kreis. (2015). Infomappe: *Kinderschutz an Schulen des Main-Kinzig-Kreises und der Stadt Hanau.* Zugriff am 16. Juni 2021 unter https://schulaemter.hessen.de/sites/schulaemter.hessen.de/files/content-downloads/Infomappe%20Kinderschutz%20an%20Schulen.pdf

Triple P Deutschland GmbH. (n.d.). *Triple P – Positives Erziehungsprogramm.* Zugriff am 22.10.2021 unter https://www.triplep-eltern.de/de-de/ueber-triple-p/positives-erziehungsprogramm/

Widom, C. S., Czaja, S. J. & DuMont, K. A. (2015). Intergenerational transmission of child abuse and neglect: Real or detection bias? *Science, 347* (6229), 1480–1485. https://doi.org/10.1126/science.1259917

World Health Organization. (2006). *Preventing child maltreatment: a guide to taking action and generating evidence.* Genf: World Health Organization and International Society for Prevention of Child Abuse and Neglect. Zugriff am 03. Juni 2021 unter https://apps.who.int/iris/handle/10665/43499

World Health Organization. (2020). *Global status report on preventing violence against children 2020*. Genf: World Health Organization.
Zugriff am 03. Juni 2021 unter
https://www.who.int/teams/social-determinants-of-health/violence-prevention/global-status-report-on-violence-against-children-2020

Hinweise zu den Adressen und Kontakten

Sie können die Adressen und Kontakte für diesen Titel kostenfrei über unsere Internetseite nach erfolgter Registrierung online abrufen.
Nutzen Sie dazu bitte den angegebenen Link und melden Sie sich nach den dort beschriebenen Schritten an.
Sie können auf die Materialien über *Mein Konto* zugreifen, indem Sie unter Meine Zusatzmaterialien den Code eingeben. Sie werden dann automatisch in den Downloadbereich weitergeleitet.

Link: hgf.io/download
Code: B-MHZGQS

Wir empfehlen Ihnen, sich die Materialien auf Ihrem Rechner zu speichern, um sie jederzeit dauerhaft nutzen zu können.

Nachwort der Herausgeber:innen der Reihe Psychologische Kinderbücher

Die Psychologischen Kinderbücher entstanden durch einen seltenen Glücksfall im Kontext von zwei Seminarveranstaltungen des Fachbereichs Psychologie an der Philipps-Universität Marburg im Winter- und Sommersemester 2014/15: Als Kooperationsprojekt entwickelten das Institut für Bildende Kunst und der Fachbereich Psychologie eine praktische Übung für illustrierte psychologische Kinderbücher. Wir danken
Prof. Tillmann Damrau und Dipl.-Des. Sabine Funk (beide heute Technische Universität Dortmund) für ihre Pionierarbeit am Institut für Bildende Kunst der PUM und die initiale Betreuung der ersten Bücher. Die Studierenden der Bildenden Kunst hatten Entwürfe zu Kinderbüchern erstellt, die verschiedene psychologische Themen behandeln. Diese Entwürfe wurden von den Studierenden der Psychologie auf der Textebene bearbeitet, sodass psychoedukative Bilderbücher zu psychischen Störungen im Kindes- und Jugendalter entstanden sind, die den neusten Wissensstand zu den jeweiligen Störungen repräsentieren.
Seit dem Sommer 2017 gibt es die Psychologischen Kinderbücher nun als Reihe im Hogrefe-Verlag. Die PUM würdigte dieses Projekt im selben Jahr mit einem Preis für besonders innovative Lehre. Dieser Preis sowie die Unterstützung durch den Hogrefe-Verlag ermöglichten es, von 2018 bis 2022 die renommierte Illustratorin Leonore Poth hinzuzuziehen, die gemeinsam mit Prof. Dr. Klaus Lomnitzer vom Fachbereich Bildende Kunst der Philipps-Universität Marburg das Projekt künstlerisch begleitete. Beiden danken wir herzlich für ihre langjährige Unterstützung dieser erfolgreichen Buchreihe.
Seit 2018 gibt es eine klare Aufgabenverteilung: die Studierenden der Bildenden Kunst konzentrieren sich auf die Illustration der Geschichten und die Gestaltung der Bücher und die Studierenden der Psychologie auf die Geschichte und Inhalte, betreut durch Prof. Dr. Hanna Christiansen und

unterstützt durch
Herausgebende mit jeweils spezifischer
Fachexpertise sowie aktuell durch die Autorin Kathrin Lange. Seit 2023 gibt es eine Kooperation zwischen der Philipps-Universität Marburg und der Fakultät für Gestaltung an der Hochschule Augsburg. Mike Loos hat dort die Professur für visuelle Kommunikation/Bildgestaltung mit dem Schwerpunkt Illustration/Bilderzählung und übernimmt mit seinen Studierenden seither die Illustration und das Layout der Bücher.

In 2024 erscheinen zwei Kinderbücher: zu körperlicher Gewalt *„Die Hand erhoben – Körperliche Gewalt bei Kindern"* und Vernachlässigung *„Wohin, kleine Eda? – Vernachlässigung bei Kindern"*, die von Prof. Dr. Guy Bodenmann (Zürich) und Prof. Dr. Christina Schwenck (Gießen) herausgeberisch betreut wurden.

Wir freuen uns besonders, dass aus dem universitären Seminaralltag und dem akademischen „Elfenbeinturm" eine so gelungene Buchreihe für kleine Leser:innen und hilfreiche Publikationen für Therapeut:innen und Eltern hervorgeht und wünschen dieser Reihe weiterhin viele begeisterte Leser:innen und Nutzer:innen. Die Reaktionen auf die bisherigen Bücher waren überwältigend positiv, worüber wir uns sehr freuen. Wir sind uns sicher, dass wir mit den neuen und weiteren Büchern, die für 2025 geplant sind, an diesen Erfolg anknüpfen können. Die bisherigen Rückmeldungen von Leser:innen und Fachleuten aus der Praxis konnten die Qualität der Bücher weiter steigern und trugen dazu bei, die Reihe erfolgreich auf dem Kinderbuchmarkt zu etablieren.

Prof. Dr. Hanna Christiansen (Marburg) und Prof. Mike Loos (Augsburg)
September 2023

Nachwort des Bandherausgebers

Gewalt ist ein häufiges Thema in Familien, sei es, dass die Kinder Zeugen von Gewalt zwischen den Eltern werden, selbst Gewalt erleben oder beides. Die Formen von Gewalt sind vielfältig. So können die Kinder körperliche, psychische, sexuelle, soziale, ökonomische Gewalt oder Vernachlässigung erfahren, häufig auch mehrere Gewaltformen gleichzeitig. Die Gewalt bringt zudem weitere Probleme und Schwierigkeiten mit sich:

Ein Problem stellt die quälende Frage dar, warum man von einem nahestehenden Menschen, der es eigentlich gut mit einem meinen, einen beschützen und lieben sollte, so behandelt wird. Diese Frage ist häufig besonders verstörend und lässt das Kind an sich, seinem Selbstwert und seiner Identität zweifeln. Diese Erfahrungen erschüttern es in seinen Grundfesten. Sie gehen mit vielen negativen Emotionen einher. Das Kind grübelt („Warum ich?"; „Was habe ich falsch gemacht?"; „Die lieben mich nicht, wenn sie mich schlagen"), es zweifelt an sich und der Welt, hat Angst, verspürt Traurigkeit und häufig Schuldgefühle oder es schämt sich.

Ein großes Problem neben dem physischen und psychischen Schmerz ist die Schwierigkeit vieler Kinder, mit jemandem darüber reden zu können. Viele getrauen sich nicht, es jemandem zu sagen, haben Angst, dass es für sie oder das gewalttätige Familienmitglied negative Folgen haben könnte, sie möchten die gewalttätige Person (Mutter, Vater, Geschwister, Verwandte, neue Partner:innen der Eltern) aus Loyalität schützen und nicht denunzieren oder sie sind in der Ambivalenz gefangen, dass sie diesen Menschen ja trotz allem auch lieben und häufig von ihm abhängig sind. Familiäre Gewalt zieht damit weite Kreise.

Hinzu kommt, dass die Kinder nicht von zuhause fort möchten, die Eltern vermissen, sich um sie sorgen, ihnen keinen Ärger und keinen Kummer bereiten möchten. Eine Fremdplatzierung in einer anderen Familie kann sich wie eine Strafe anfühlen, vor allem auch, wenn Geschwister auseinandergerissen und

in verschiedenen Pflegefamilien untergebracht werden – und das alles deswegen, weil man jemandem etwas erzählt hat, oder den Bluterguss nicht gut genug versteckt hat.
In diesem Kinderbuch wird am Beispiel der Hauptperson, Maris, und drei weiterer Kinder die Thematik von familiärer Gewalt feinfühlig dargestellt, das Erleben der Kinder gut nachvollziehbar geschildert und behutsam mögliche Lösungsansätze aufgezeigt, die der Komplexität familiärer Gewalt gerecht werden. Einprägsam zeigt das Buch auf, wie die genannten Schwierigkeiten ernstgenommen und trotzdem Hilfestellungen („Eine Nummer gegen Kummer") angenommen werden können und dürfen. Es verdeutlicht dem Kind, wie wichtig ein offenes Ohr zu haben ist, dass Gewalt nie okay ist und auch nicht vertuscht werden darf, da auch der gewalttätigen Person dadurch nicht geholfen werden kann, sie jedoch dringend professionelle Unterstützung benötigt. Es zeigt Möglichkeiten des Erkennens, Mitteilens und Bewältigens von Gewalterfahrungen auf (z.B. Notfallkarte, Niederschreiben der Erfahrungen und emotionale Verarbeitung, Posen und ihre Wirkung, Muntermacher und Aufsteller, Entspannungsübungen, Stärkung des Selbstbewusstseins etc.).
Das Kinderbuch richtet sich an betroffene Kinder und Jugendliche, an Eltern, Lehrpersonen, Schulpsychologinnen und Therapeut:innen, Ärzt:innen, Fachpersonen von Jugendämtern, Polizei und Gerichtsbehörden. Mit schönen Illustrationen, fundierten Informationen und wertvollen fachlichen Impulsen zum Thema „familiäre Gewalt" ist dieses Buch eine längst fällige, wichtige und schöne Ergänzung der erfolgreichen Kinderbuchreihe des Hogrefe Verlags.

Prof. Dr. Guy Bodenmann, Universität Zürich
November 2023

Die Autorinnen

Theresa Bartelworth

Theresa Bartelworth wurde 1991 in Attendorn geboren. Auch sie hat eine Kiste, in der sie besondere Andenken wie Edelsteine, Federn und geliebtes Spielzeug verwahrt. Ihr größter Schatz sind aber ihre zahlreichen Notizbücher, in denen sie ihre Gedanken klärt und Ideen für Abenteuer und Unmögliches entwickelt.

Sona Rothert

Sona Rothert wurde 1998 in Berlin geboren. Sie hat zwar keinen kleinen roten Koffer, aber dafür eine blaue Holztruhe, in der sie ihre Schätze sammelt. Immer dann, wenn sie mal nicht mehr weiterweiß oder sich an schöne Zeiten erinnern will, öffnet sie die Truhe. Sie ist überzeugt: Alle brauchen Mutmacher und einen Ort für Heimlichkeiten.

In Maris' Geschichte ist all das Wissen eingeflossen, das die beiden Autorinnen während ihres Psychologiestudiums in Marburg sammeln konnten. Sie hoffen, dass das Buch für Betroffene eine Hilfe und ein wertvoller Begleiter im Alltag sein wird.

Der Illustrator

Prof. Mike Loos

Wurde im Oktober 1964 in Kansas City (Missouri, USA) ins Leben geworfen. Seit 1966 ist er in Deutschland, studierte in Augsburg Kommunikationsdesign und arbeitete danach selbstständig als Illustrator für diverse Werbeagenturen und Verlage. Er fertigte redaktionelle Illustrationen für *Focus, Men's Health, Playboy, Reader's Digest, Rolling Stone, Spiegel, Stern, SZ-Magazin* sowie Buchcover für *Heyne, Kabel* und *Rowohlt* an.
Dafür erhielt er diverse Preise und Auszeichnungen im Bereich Illustration.
Seit 2004 ist er Professor für Bildgestaltung/Illustration an der Fakultät für Gestaltung an der HS Augsburg. Dort hat er seither mit den Studierenden diverse illustrativ gestaltetete Buch- und Comicprojekte betreut und publiziert.

Geschützte Warennamen (Warenzeichen) werden nicht besonders kenntlich gemacht. Aus dem Fehlen eines solchen Hinweises kann also nicht geschlossen werden, dass es sich um einen freien Warennamen handelt.

Bibliografische Information der Deutschen Nationalbibliothek
Die Deutsche Nationalbibliothek verzeichnet diese Publikation in der Deutschen Nationalbibliografie; detaillierte bibliografische Daten sind im Internet über http://www.dnb.de abrufbar.

Anregungen und Zuschriften bitte an:
Hogrefe AG Lektorat Psychologie
Länggass-Strasse 76
3012 Bern, Schweiz
Tel. +41 31 300 45 00
info@hogrefe.ch | www.hogrefe.ch

Lektorat:
Dr. Susanne Lauri

Herstellung:
Daniel Berger

Druck und buchbinderische Verarbeitung:
Finidr s. r. o., Český Těšín Printed in Czech Republic

1. Auflage 2024

(E-Book-ISBN_PDF 978-3-456-96345-7)
ISBN 978-3-456-86345-0
https://doi.org/10.1024/86345-000

Weitere Titel der Reihe

Abdalli / Rzany / Hildebrandt / Neudert: Mission Schuppe – Eine kleine Geschichte über das Leben mit Neurodermitis, 2021, ISBN 978-3-456-86181-4

Bartling / Buchner / Bendel / Grote / Kresse / Koy: Alles anders bei Familie Biber – Eine Geschichte für Kinder, deren Eltern von Arbeitslosigkeit betroffen sind, 2019, ISBN 978-3-456-86019-0

Guo / Oppermann / Scheunemann / Simon: Wo ist denn dein Leuchten hin? – Hilfe bei emotionaler Gewalt, 2023, ISBN 978-3-456-86316-0

Keshavarz / Ayaz / Röder / Wachter: Ecke, Abseits und die Atemnot – Asthma kindgerecht erklärt, 2021, ISBN 978-3-456-86187-6

Maleki / Beham / Böning / Korfmacher / Stracke / Wangenheim: Dunkle Farben im Wunderwald – Ein Buch für Kinder, deren Eltern psychisch krank sind, 2019, ISBN 978-3-456-86020-6

Maleki / den Hartog / Maiworm / Wüstefeld: Allein ist keine Farbe – Gemeinsam durch die Chemotherapie, 2021, ISBN 978-3-456-86173-9

Meister / Hamacher / Weingarten: Paul und der rote Luftballon – Ein Buch für Kinder, die mutig werden und neue Freunde finden, 2018, ISBN 978-3-456-85909-5

Michel / Buschkamp / Drerup / Schramm: Die kleine Eule Luna und wie sie lernte, mit ihrer Trennungsangst umzugehen, 2018, ISBN 978-3-456-85896-8

Olkowska / Ewald / Kemmer / Röder: Wohin, kleine Eda? – Vernachlässigung bei Kindern, 2024, ISBN 978-3-456-86344-3

Rzany / Heindel / Maelger / Senßfelder: Linns Licht – Ein Mutmach-Buch für Kinder mit einer Depression, 2020, ISBN 978-3-456-86095-4

Schaaf / Andersen / Roth / Salzmann: In Gedanken ein Fuchs – Ein Buch für sozial ängstliche Kinder, die selber kleine Füchse sind, 2018, ISBN 978-3-456-85899-9

Schaaf / Frerich / Hauck / Klein-Reesink / Zahn: Hörst du die Elefanten brüllen? – Ein Buch für Kinder, deren Eltern sich immer wieder mal streiten, 2019, ISBN 978-3-456-86021-3

Schaaf / Eitenmüller / Schultz / Stefcheva: Karli, der kribbelige Kugelfisch – Eine Geschichte für ausgeprägte Trotzköpfe, 2020, ISBN 978-3-456-86106-7

Spence / Kiefer / Habermann: Milli und die Zuckerdrachen – Wie Kinder lernen, mit Diabetes umzugehen, 2021, ISBN 978-3-456-86179-1

Strack / Lin / Schlegl: Wackelkontakt – Epilepsie bei Kindern leicht erklärt, 2021, ISBN 978-3-456-86197-5

Tavangar / Niebeling / Rauschkolb / Schweizer: Feuerfelsen und Spiegelsee – Der Mutmacher für Kinder mit Adipositas, 2023, ISBN 978-3-456-86314-6

Tusheva / Battisti / Mohme / Roth: Kein Samstag ohne rote Grütze – Eine Geschichte von unsichtbaren Verletzungen, 2020, ISBN 978-3-456-86090-9

Weißflog / Köcher / Ladkani / Ngono / Stöhr: Zwei Zimmer für Cleo – Wenn Eltern sich trennen und wie es danach weitergeht, 2019, ISBN 978-3-456-86022-0

Weißflog / Ortmüller / Wende: Opas Stern – Ein Trost- und Erklärbuch für Kinder und ihre Eltern, 2018, ISBN 978-3-456-85906-4

Weißflog / Dahm / Mews / Warczok: Zum Kuckuck mit den Regeln – Wie Kimi lernte, mit der Wut umzugehen, 2020, ISBN 978-3-456-86091-6

Zais / Michalak / Rumpf / Schulte: Zappel-Zirkus Zacharias – Ein Buch für zappelige Zirkuskinder mit ADHS, ihre Zirkusfamilien, Freunde und Zirkusdompteure, 2018, ISBN 978-3-456-85918-7

Themen in Vorbereitung

Dyskalkulie
Einschulung
Leistungsdruck
Lese-Rechtschreibstörung
Mobbing